TINTA · CULTURA CHINA E ILUMINACIÓN ARTÍSTICA
EL COLOR EN LA PINTURA CHINA

El Color Verde en la Pintura Tradicional China

Zeng Zirong / Jefe Editor

Verde

RC
Books Beyond Boundaries
ROYAL COLLINS

El Color Verde en la Pintura Tradicional China

Jefe Editor: Zeng Zirong

Primera edición: 2021
Royal Collins Publishing Group Inc.
BKM ROYALCOLLINS PUBLISHERS PRIVATE LIMITED
www.royalcollins.com

Sede central: 550-555 boul. René-Lévesque O Montréal (Québec) H2Z1B1 Canada
Sede de la India: 805 Hemkunt House, 8th Floor, Rajendra Place, New Delhi 110 008

ISBN: 978-1-4878-0819-8

ÍNDICE

El verde tiene un estatus especial en la pintura china: ¡hay un tipo de pintura china llamada shanshui azul-verduzca! (o pintura de paisaje azul-verduzca). Este estilo utiliza azul azurita y verde malaquita para representar los espléndidos y magníficos ríos y montañas, mostrando el amanecer, la niebla en las montañas en un día soleado, el resplandor de la puesta de sol, etc. La pintura más conocida de este estilo es "Mil Millas de Paisaje", pintado por el joven genio Wang Ximeng de la dinastía Song del Norte.

El verde de malaquita o esmeralda es el más utilizado entre los pigmentos verdes, se puede usar para pintar árboles y rocas en pinturas de paisajes, así como para representar flores y tallos, y también para pintar plumas verdes de pavo real. Hay un tono de color verde, que podemos hacer nosotros mismos: se hace recogiendo el "Árbol Escolar Chino", escaldándolo con agua hirviendo, luego moldeándolo en forma redonda, y luego escurriendo el jugo con la ayuda de una tela. Los capullos de flor de Sófora (o árbol de las pagodas) sin abrir producen un verde tierno, mientras que las flores abiertas producen amarillo verdoso.

Ahora, echemos un vistazo más de cerca a estas hermosas imágenes verdes: hay gansos blancos jugando en el lago rodeados de árboles y bambúes verdes, pequeños puentes en los bosques de pinos verdes que asustan a los tímidos burros; tenemos también un vendedor ambulante vestido de verde que empuja un carrito lleno de mercancías; un niño con ropa verde que sacude el tambor sonajero para divertir y convencer a su hermano menor que tropezó; hay un general impresionante en el atuendo de soldado verde y la armadura dorada, y hay Buda con la túnica de sacerdote, con flores de loto que se abren bajo sus pies y un viento mágico que sopla ligeramente…

Pigmento Verde en la Pintura China

El cobre verde (tonglü)
se obtiene sumergiendo el latón en vinagre y poniéndolo en el salvado, y luego tostándolo y humeándolo con un fuego leve, y luego raspándolo.

El verde Malaquita o Esmeralda (shilü)
se obtiene moliendo malaquita en polvo.

El verde pálido (ailü)
es un tono claro y pálido de color verde similar al color en la parte posterior de la artemisa.

El verde hierba (caolü)
es de color verde y ligeramente amarillo de la hierba; está hecho de garcinia y cianina mezclados.

Verde claro o tierno (nenlü)
los capullos de flor de Sófora sin abrir pueden producir un verde tierno.
(nombre científico del árbol Styphnolobium japonicum)

El verde Amarillento Pálido (conglü)
es verde pálido con un tono de color ligeramente amarillento.

Mogao Grottoes, Dunhuang, Cueva 257
"Ciervo de Nueve Colores", fragmento de una copia
Dinastía Wei del Norte, hace unos 1500 años

Valiente ciervo de nueve colores

La leyenda dice que había un hermoso ciervo de nueve colores que vivía cerca al río Ganges en la antigua India. Un día, rescató desinteresada y audazmente a un hombre que se estaba ahogando, y le pidió que mantuviera su existencia en secreto; el casi ahogado dio su palabra. Inesperadamente, este hombre desagradecido corrió para revelar el secreto al rey y llamó a las tropas para capturar el venado de nueve colores.

El ciervo de nueve colores rodeado en las cuatro esquinas saltó con potencia frente al rey. El rey lleva una corona y un pañuelo verde; hay un impresionante caballo verde detrás de él. El ciervo de nueve colores contó una historia de cómo salvó a un hombre y fue traicionado; el rey y los soldados estaban profundamente conmovidos. Al final, el hombre ahogado que había abandonado los principios con fines de lucro recibió el debido castigo.

Palacios de la Dinastía Han Occidental

El Palacio Weiyang es el palacio del emperador de la dinastía Han occidental. Rodeado por la cadena de montañas verdes en la pintura está el estanque Taiye y los jardines imperiales. El hermoso bote dragón en el estanque se dirige hacia un puente, un grupo de personas en el puente rodea al emperador; él está de pie bajo el hermoso paraguas y disfruta de la vista del bote que se desplaza entre las montañas y los ríos.

La palabra "Weiyang" significa "la interminable luz tenue de la noche". El Palacio Weiyang usa el significado favorable de "interminable" para expresar que la riqueza se disfruta sin fin, sin calamidades, y que hay seguridad y bienestar.

"Álbum del Palacio Changan: Palacio Weiyang"
Dinastía Tang, Li Sixun (biografía)
hace unos 1300 años

Dunhuang, Cueva 112
"Música de Baile Para la vida y Cambios Infinitos"
Dinastía Tang, Grutas de Mogao
hace unos 1100 años

La Danza Más Bella de los Murales de Dunhuang

Acompañando música de hadas y revoloteando, el hada que sostiene la pipa (guitarrón chino) está bailando con gracia. Con sus pies descalzos, la cinta, amarilla por un lado y verde por el otro, forma círculos en el aire junto con los movimientos de baile del cuerpo, balanceándose con movimientos de sauces. Su collar y pulseras suenan mientras baila.

De repente, levanta la mano, levanta los pies, gira la postura, coloca la pipa a la espalda y usa la habilidad única de "brinco de pipa". De inmediato, todo el cielo exclamó con asombro, y la imagen se congela en este momento, como si el tiempo se detuviera. Esta es la postura de baile más bella de los murales de Dunhuang, y este es el símbolo eterno del arte de la dinastía Tang.

Los Siete Sabios del Bosque de Bambú

Durante las dinastías Wei y Jin, la sociedad estaba en crisis, y los eruditos no podían exponer sus talentos, se preocupaban constantemente por la seguridad de sus vidas; por lo tanto, se dejaron llevar por el alcohol, el tocar instrumentos, el libertinaje y otras formas de aplacar la depresión. "Gaoyi Tu" indica a los representantes del estilo literario de la época: los Siete Sabios del Bosque de Bambú.

Aquí está Shan Tao, uno de los siete sabios, lleva una túnica ancha, su pecho y abdomen desnudos, su mano alrededor de su rodilla, está sentado en un cojín precioso y sus ojos con una mirada profunda y serena. El criado vestido de verde está sosteniendo un Guqin y está de pie junto a él. Parece que después de un tiempo, Shan Tao comenzará a tocar el instrumento.

Fragmento de "Gaoyi Tu"
Dinastía Tang, Sun Wei
hace unos 1100 años

"Residentes en las afueras de Dragon Abode"
Dinastía Tang del Sur de las Cinco Dinastías y Diez Reinos, Dong Yuan
hace aproximadamente 1000 años

Fragmento de "Recital de Cámara"
Dinastía Tang del Sur de las Cinco Dinastías y los Diez Reinos
Zhou Wenju (biografía), hace aproximadamente 1000 años

Festival Otoñal de Hace Más de Mil Años

En el ancho río, dos largos botes cuelgan coloridas banderas, y en cada bote hay una fila de personas cogidas de la mano, como si cantaran alabanzas. ¡Varias personas en la orilla siguen la canción y bailan! Echemos un vistazo a la orilla derecha del río, las personas se saludan de a dos en tres y se apresuran a unirse al evento.

Al otro lado de las colinas bajas, podemos ver varias familias en el valle de la montaña verde oscuro; un adulto lleva a los niños a alumbrar las linternas de Kongming en el bosque... Las hojas de algunos árboles dispersos en las montañas comenzaron a ponerse rojas, ya es otoño. Esto sucedió hace aproximadamente mil años, la gente celebra el Festival de Otoño, la imagen es muy agradable y hermosa.

Escena de Concierto Familiar

Un hombre de barba larga con aspecto de noble está sentado con las piernas cruzadas en el sofá, escuchando atentamente la actuación de la banda. Junto a él, hay una sirvienta, un asistente agitando un abanico, una dama sentada en un taburete y un gatito acostado en el sofá... Al lado del incensario, hay varias sirvientas y asistentes acompañando a su hijo. El niño probablemente le teme a su impresionante padre, y ahora lo está mirando tímidamente.

Hay una pantalla verde baja detrás del sofá. Curiosamente, además de las pantallas verdes bajas, hay tres pantallas altas con hermosas flores y árboles pintados, lo que hace que el espacio se vea más abierto y amplio.

Cómo Lucía la Sala de Estudio de los Eruditos de la Dinastía Song

Un literato con una bufanda y una falda verde está sentado en la sala de estudio, sosteniendo un libro en su mano izquierda, su mano derecha con un bolígrafo descansa sobre su regazo. Echemos un vistazo a cómo era la sala de estudio de los eruditos de la dinastía Song: en la pantalla alta detrás del sofá hay una imagen "Gansos en Juncos en el Islote en un Arroyo", el retrato del propietario cuelga en la pantalla, y después de compararlo ¡podemos ver que la pintura tiene una semejanza real! Por lo tanto, esta pintura también se llama "Dos imágenes acerca de mi". En el lado derecho de la pantalla hay varias mesas y taburetes, en la mesa hay un Qin (instrumento musical), dos libros, pinturas, a la izquierda hay un incensario de loto único. En el lado opuesto al erudito, las flores en la canasta están floreciendo...

Pintura del "Álbum de Personajes de la Dinastía Song"
Dinastía Song del Norte, Autor anónimo
hace unos 900 años

Las buenas flores necesitan forro de hoja verde

Las densas y exuberantes hojas verdes desencadenan las extremadamente delicadas peonías blancas. La flor en la esquina inferior izquierda está floreciendo directamente hacia nosotros y podemos ver los estambres dorados en el interior; las ramas del medio florecen hacia el cielo; hay una peonía blanca escondida en la distancia detrás de las hojas verdes, solo se puede ver el cáliz. El artista creó hábilmente un espacio visual tridimensional con la ayuda de diferentes exposiciones de los estambres.

Debajo de la flor de peonía hay un gatito blanco y negro, con los ojos bien abiertos y redondos. El dueño ató una soga alrededor de su cuello, y un par de campanas están atadas al otro extremo de la soga, lo cual es útil no solo para jalar al gato, sino también para notificarle al dueño dónde se había ido el animal.

Fragmento de " Gato Calico y Nobles Peonías"
Dinastía Song del Norte, Autor anónimo
hace unos 890 años

Arquitectura de Alta Tecnología de la Dinastía Song

En el verduzco valle, algunas personas construyeron una gran presa de bloqueo de agua en el arroyo con la ayuda de ladrillos azules. Un molino se extiende sobre la presa y hay una gran rueda hidráulica debajo; el agua que fluye desde la presa azota la rueda hidráulica, provocando su rotación continua, lo que hace que el molino siga girando.

Detrás del techo del molino negro, los pilares y las compuertas de la presa se muestran indistintamente. Las personas pueden ajustar la altura de la esclusa de acuerdo con la velocidad de flujo de la corriente; cuando el agua es baja, el agua se almacena, y cuando el agua es abundante, esta misma se libera. Debajo de los aleros del molino, también hay un toldo hecho de esteras de color verde claro para protegerlo mejor o protegerse de la lluvia. ¡Este es realmente un edificio de alta tecnología!

"Residentes en las Afueras de Dragon Abode"
Dinastía Tang del Sur de las Cinco Dinastías y Diez reinos, Dong Yuan
hace aproximadamente 1000 años

Banquete Literario Abundante y Elegante

Debajo del alto sauce verde, hay una mesa de piedra en la que se coloca un heptacordio (laúd con montajes de jaspe), como si alguien acabara de tocarlo. La enorme mesa de madera en el frente está llena de tazones de frutas, ollas de vino, tazas, platos y palillos, literatos y eruditos refinados están sentados alrededor de la mesa y organizan un banquete. Al lado del bambú a la izquierda, dos eruditos recién llegados se saludan e intercambian saludos.

También hay una pequeña mesa de té frente a la mesa grande, y varios sirvientes están preparando refrescos. El criado de verde en el medio sostiene una cuchara de té de mango largo y pone el agua del té en cada taza. Curiosamente, en la esquina inferior izquierda hay un sirviente sentado en verde oscuro, probablemente con sed; él está sosteniendo el tazón con su mano izquierda y pone su mano derecha sobre su rodilla.

"Reunión Literaria"
Dinastía Song del Norte, Zhao Ji
hace unos 890 años

"Tres Hombre Riendo por la Corriente del Tigre"
Dinastía Song del Sur, Li Tang (biografía)
hace unos 860 años

Pequeño puente sobre un arroyo oye al tigre

Se dice que durante la dinastía Jin del este, el famoso maestro Huiyuan practicaba el budismo en la montaña Lushan, y se dice que durante más de treinta años no bajó de la montaña ni cruzó la Corriente del Tigre mientras veía a sus visitantes. Un día, un erudito confuciano Tao Yuanming y el sacerdote taoísta Lu Xiujing vinieron a visitarlo desde lejos. Los tres se conocieron y tuvieron una gran conversación. Antes de partir, el Maestro Huiyuan los envió por la montaña y habló mientras caminaba; inconscientemente, cruzó el puente de piedra de la Corriente del Tigre.

En este momento, los tigres en los tramos superiores de la Corriente se sorprendieron y emitieron un fuerte rugido. Solo entonces las tres personas se dieron cuenta, e inmediatamente se echaron a reír, esto ocurrió por el valle verde y el humo brumoso en la distancia.

Fragmento de "Un vendedor Ambulante y un Grupo de Niños"
Dinastía Song del Sur, Su Hanchen
hace unos 850 años

Mercado de Juguetes Antiguos

En la antigua China, un vendedor que estaba haciendo negocios en un lugar de la ciudad era llamado "comerciante sentado"; un vendedor que andaba por el campo comprando y vendiendo bienes llamado "vendedor ambulante". Hoy, el vendedor ambulante con ropa verde trajo un carrito lleno de mercancías; además de las provisiones diarias para el hogar, pasteles y dulces, y una mayoría de juguetes: sonajeros, tambores, pequeñas cestas de bambú, vasos, linternas de colores, cometas de papel, molinos de viento de bambú... Después de que el vendedor ambulante gritó, un grupo de niños se acercó, algunos de ellos abofeteando y saltando de alegría, otros corriendo demasiado rápido y tropezando, también hay un niño que lleva a su hermano menor para ver la emocionante escena, esto se asemeja a la celebración de Año Nuevo.

Atasco de Tráfico Causado por un "Cobarde Burro"

Las sinuosas carreteras montañosas son apenas perceptibles entre el agua verde y las montañas azules. Aunque el camino es difícil, el tráfico en el camino todavía está añadiendo una corriente interminable. La brigada al frente, después de cruzar las montañas, arribó al puente al pie de la montaña con dificultad.

El hombre de blanco que caminaba al frente tiraba de un pesado carro de bueyes, acababa de salir del puente con la ayuda de su compañero y estaba a punto de entrar en el verduzco bosque de pinos. Probablemente fue el carro de bueyes el que hizo vibrar el pequeño puente, y el burro en el puente se aterrorizó; dobló las patas traseras y se negó a seguir, bloqueando el estrecho puente de madera. Así que los carros de bueyes y los peatones detrás tuvieron que esperar en la fila para continuar el viaje.

Fragmento de "Colores Otoñales a lo Largo de Ríos y Montañas"
Dinastía Song del Sur, Zhao Boju
hace unos 840 años

Luohan, Ciervo, Monje, Gibón… Todos los Seres son Iguales

Junto a un fuerte árbol marchito, está Luohan (Arhat, un santo budista), vestido con una sotana verde, cruzó las manos y se tumbó en las ramas inclinadas, mirando simpáticamente a los dos lindos venados, como si estuviera mirando a sus propios discípulos. La otra gran rama es exuberante y tiene muchos frutos. Dos gibones vivos bajan del árbol, y el gibón de la derecha recoge la fruta roja madura como si fuera a dedicársela a Luohan. Un joven monje con unos delicados rasgos faciales, con las manos juntas, rápidamente se adelantó para recogerlo.

En la dinastía Song, el budismo había popularizado el concepto de "todos los seres son iguales, y todos pueden convertirse en un Buda", los ciervos y los gibones en la pintura son, por supuesto, iguales al Luohan y pueden vivir en armonía.

"Luohan con Gibbon"
Dinastía Song del Sur, Liu Songnian
hace unos 810 años

Fragmento de "Observando los Gansos en el Pabellón de Orquídeas"
Dinastía Yuan, Qian Xuan
hace unos 720 años

Wang Xizhi Ama a los Gansos

Wang Xizhi, un gran calígrafo en la dinastía Jin Oriental, amaba a los gansos. Había un sacerdote taoísta en el condado de Shanyin que crió un grupo de gansos blancos y lindos; Wang Xizhi llegó al famoso lugar para comprar este grupo de gansos. El taoísta dijo: "No lo vendo, pero como solo tú copias el 'Dao de Jing' para mí, te regalaré este grupo de gansos". Wang Xizhi felizmente terminó de escribir y empacó a los gansos en una jaula. Más tarde, cavó especialmente un "estanque de gansos" para criar este grupo de gansos.

En la pintura, Wang Xizhi está de pie en un pabellón rodeado de árboles verdes y bambúes, observando a unos gansos blancos jugando en el lago. Se dice que basados en las posturas de los gansos blancos "Doblas el cuello hacia el cielo y cantas" y "Tus pies rojos empujan las olas claras", y Wang Xizhi ha descubierto el misterio del movimiento de su mano en la caligrafía, este debe ser redondo, vivo y sutil.

Bodhisattva con un Sombrero de Astronauta

Las "Explicaciones a las Escrituras Budistas" del budismo generalmente se dividen en tres secciones: los marcos izquierdo y derecho son simétricos, cada uno con cuatro Bodhisattvas; el central es el Buda Shakyamuni sentado en la plataforma de loto, y los Luohans (Arhats, santos budistas) se paran a ambos lados. La imagen aquí es la de la derecha: los cuatro bodhisattvas visten magníficas vestimentas verdes, pisan un loto bajo con sus pies y se elevan en las nubes.

La luz irradiada desde la cabeza de los Bodhisattvas formando una rueda redonda, llamada "halo de un ídolo", que se parece al sombrero de un astronauta, cubriendo la cabeza. La cadena de cuentas y jade que se usa en el cuello de los Bodhisattvas se llama "Yingluo", que representa el lugar de nacimiento del budismo, las costumbres de los nobles de la India antigua.

Fragmento de "Explicaciones de las escrituras budistas"
Dinastía Yuan, Autor anónimo
hace unos 650 años

Fragmento de "Guan Yu Captura al General Pang De"
Dinastía Ming, Shang Xi
hace unos 570 años

Magnífico General Guan Yu

El general Guan Yu, vestido con un traje de soldado verde y una armadura dorada, está sentado debajo del pino verde con las manos sobre las rodillas. Su guardia personal está parado al lado de "Espada del dragón verde creciente" (un arma mítica); su hijo Guan Ping sacó su espada de su vaina y está de pie junto a él. El derrotado Pang De había sido despojado de su ropa y atado a una clavija de madera, y no está dispuesto a rendirse. ¡Entonces uno de los oficiales de Guan Yu está sosteniendo a Pang De, y el otro oficial está clavando la pila de madera con patas en el suelo, para que Pang De no pueda moverse en absoluto! Aunque la pintura no emite sonidos, pareciera que escuchamos las confrontaciones y los interrogatorios...

Fragmento de "Esperando la Copa Flotante Junto a Una Corriente Sinuosa en el Pabellón de las Orquídeas"
Dinastía Ming, Wen Zhengming
hace unos 490 años

La Historia del "Prefacio del Pabellón de las Orquídeas"

En la primavera de 353 dC, el famoso calígrafo Wang Xizhi llamó a amigos y compañeros para celebrar un gran encuentro poético en la temporada de primavera en el Pabellón Lanting (o Pabellón Orquídea), condado de Guiji, provincia de Zhejiang. En las verdes crestas montañosas altas, los literatos y los eruditos se sentaron casualmente junto al arroyo, llenaron las copas de vino con buen vino y los dejaron flotar por el tortuoso arroyo; la persona a la que apuntaran la copa al frenar, bebería y compondría un poema.

Todos se divirtieron mucho, y cuando el banquete estaba en su apogeo, Wang Xizhi recopiló los poemas compuestos por todos y, bajo la euforia del vino, de una vez escribió fácilmente un prefacio, que resultó ser el mundialmente famoso "Prefacio de El Pabellón de las Orquídeas ", que es elogiado por las generaciones futuras como" la mejor escritura del mundo ".

Fragmento de "Galopando en el Bosque de Pinos"
Dinastía Ming, Tang Yin
hace unos 490 años

Fragmento de "Duraznos Floreciendo en Primavera"
Dinastía Ming, Qiu Ying
hace unos 460 años

Ven al Viaje y Parte Sin Demora

En un instante, volvió la primavera y el bosque de pinos se tornó verde esmeralda. ¡Encontremos un buen día con un clima cálido y soleado, y realicemos un viaje para partir instantáneamente sin retraso! así, los literatos se reunieron, espolearon a sus caballos y se fueron de viaje.

Observemos, hay una persona emocionada que ya se apresura impacientemente al pie de la montaña y solo le queda detenerse y esperar a todos. El jinete viene a galope, y la brisa de la primavera sopla toda la ropa sobre su pecho. Aquellos sirvientes que estaban recogiendo comida y bebidas deben haberse quedado sin aliento, empapados de sudor.

A través de la brumosa jungla, podemos ver una plataforma en la distancia, los eruditos probablemente van a hacer un picnic.

La historia de "El jardín de duraznos"

En el período Taiyuan de la dinastía Jin Oriental, un pescador en el distrito de Wuling se encontraba remando a lo largo del arroyo entre las verdes montañas, inconscientemente remó demasiado lejos. De repente se asomó a un jardín de duraznos, y a través de cientos de pasos a lo largo de la orilla en el arroyo, extrañamente no había otro tipo de árbol en el jardín. La hierba en el suelo era fresca y los pétalos de las flores volaban como copos de nieve. Frente a un paisaje tan hermoso, el pescador estaba muy sorprendido y siguió avanzando, deseando ver el final de este Jardín de duraznos.

Al final del Jardín de Duraznos había una fuente y una corriente, y también una montaña, y al pie de la montaña había un pequeño agujero, parecía que salía luz de él. El pescador dejó el bote y atravesó el agujero... Un mundo hermoso y feliz apareció frente a él.

Ahogando las Preocupaciones con el Vino

Debajo de los plátanos de hoja ancha, frente a la roca de Taihu de forma extraña, un erudito se sienta al lado de la mesa de piedra y se inclina tranquilamente con una pierna sobre la otra. Él está sosteniendo una copa de vino en la mano y está mirando a lo lejos, con una mirada pensativa. En el espacio abierto a la derecha, hay una mesa de té hecha de raíces de árboles, se ve elegante e interesante, con un simple quemador de incienso de bronce. Delante hay dos mujeres, una sentada en una enorme hoja de plátano y vertiendo crisantemo en la cuenca; la otra sostiene una jarra y se prepara para ponerla en la estufa para calentarla.

La piedra permanece sin cambios por la eternidad, la vajilla de bronce no se deteriora por milenios, y la vida de los mortales pasa, esta es la melancolía eterna de los literatos, solo podían pedirle al cielo respuestas, sosteniendo la copa de vino.

"Bebiendo Vino en el Jardín"
Dinastía Ming, Chen Hongshou
hace unos 360 años

Montañas Agua y Árboles Verdes

Wang Jian fue un famoso pintor paisajista de la dinastía Qing, y junto con Wang Shimin, Wang Hui y Wang Yuanqi, forma "los cuatro reyes de la dinastía Qing temprana".

Probablemente le gustaba mucho el color verde; en esta pintura, además del agua y el cielo que quedaron blancos, todos los demás elementos se hicieron de color verde oscuro: las colinas y los árboles cerca de la orilla, el bote y un viejo pescador en el agua, y las rocas y árboles diversos en el otro lado; la cadena de montañas continuamente subiendo y bajando en la distancia, en conclusión, casi todo el paisaje.

Los tonos verdes están por todas partes, y al mismo tiempo se ve bien organizados y coherentes, hace que las personas se sientan relajadas y felices mientras miran.

"Paisajes en los Estilos le los Viejos Maestros: Álbum En Ocho Pinturas"
Dinastía Qing, Wang Jian
hace unos 350 años

Belleza en Verde

El vestido verde claro de textura suave resalta la elegante postura de la mujer en la pintura; las mangas con bordes delicados y las sienes oblicuamente insertadas reflejan su aspecto encantador. La niña está cansada de leer y se apoya lentamente contra la mesa, una mano debajo de su hermosa mejilla y la otra sosteniendo un pergamino, formando una hermosa imagen.

Parece tener un corazón pensativo, tal vez podría haber leído algunas palabras maravillosas que evocaron pensamientos indescriptibles. Ella suspira suavemente, y despierta al lindo cachorro debajo de sus pies; el cachorro levanta las orejas alerta y mira a su alrededor... La peonía oscura, flotando en la botella con un aroma sutil, florece en silencio.

"Retrato de una Dama"
Leng Mei, Dinastía Qing
hace unos 290 años

Plantando un Melón y una Frase Idiomática

Cada verano, la luffa (un tipo de pepino) ocupa toda la cerca de bambú: enredaderas de luffa delgadas, retorcidas e intricadas; hojas verdes de luffa, ligeras y delgadas; luffas colgando de la vid… muy gratificante. Si llueve, el sembrado verde será aún más fresco.

Un Ave Atrapamoscas del Paraíso voló y se sentó en la cerca de bambú. El pintor recordó una alusión sobre el alto funcionario Zhao Ping, cuyo nombre era Dong Linghou en los tiempos de la dinastía Qin, quien se convirtió en un plebeyo en los primeros tiempos de la dinastía Han, y se ganaba la vida cultivando melones fuera de la puerta Qingmen de la ciudad de Chang. Así nació una frase idiomática "qingmen guhou" o "el ex-funcionario de los Qinmen", que solía referirse a los sobrevivientes de la antigua dinastía.

Fragmento de "Doce pinturas de flores y pájaros: Ave Atrapamoscas del paraíso"
Liu Kuiling, hace unos 80 años

Fragmento de "La Lluvia se Avecina"
Dinastía Qing, Yuan Yao
hace unos 250 años

El Viento

Un río serpentea y fluye cerca del hermoso y alto desván, y dentro del edificio podemos ver claramente las mesas, sillas, biombos y sofás, así como a las personas que se apoyan en la cerca. De repente llegaron las nubes negras, apareció el viento feroz, y todos los árboles verdes fueron doblados por el viento. El barquero del pequeño bote está remando con fuerza en las olas tormentosas. En el puente, los transeúntes y los mulos luchan contra el viento.

El viento no tiene forma, es invisible, es intocable, pero en esta pintura de repente se concreta y se materializa. Al representar el estado de los personajes y el paisaje de la naturaleza después de ser arrastrados por el viento, el pintor mágicamente nos hace sentirlo.